Heinrich Preschers

Gedanken über die Sicherung von Nordeutschland gegen englischen Einfluss

Heinrich Preschers

Gedanken über die Sicherung von Nordeutschland gegen englischen Einfluss

ISBN/EAN: 9783743438019

Hergestellt in Europa, USA, Kanada, Australien, Japan

Cover: Foto ©ninafisch / pixelio.de

Weitere Bücher finden Sie auf **www.hansebooks.com**

Gedanken

über die

Sicherung

von

Nordteutschland

gegen

Englischen Einfluß.

———————

Das liebe heil'ge teutsche Reich
Wie hängt's nur noch zusammen?

Göthe.

———————

Frankfurt und Leipzig.
1799.

Dasjenige Mémoire, und sein Nachtrag, welches der Herr Hofrichter und Landrath von Berlepsch aus Hannover bei dem Friedens-Kongreß zu Rastadt übergeben hat, ist nunmehro ziemlich allgemein bekannt geworden.

Man muß sich über den Muth des Mannes wundern, der diesen kühnen Schritt zu thun gewagt hat. Die politischen Wahrheiten, welche er darinn vorträgt, haben ihre ohnstreitige Richtigkeit. Größtentheils sind sie schon bekannt. Dennoch fällt die motivirte und kurze Bearbeitung der Materie auf. Dadurch wird der politische Theil dieser Staats-Schriften desto eindringender. In soweit sind diese Mémoires allerdings ein merkwürdiges Aktenstük zur Geschichte unserer Zeit.

Bei der Reichs-Deputation wird der Verfasser derselben aber damit gewiß nichts ausrichten. Wahr ist es zwar, daß Teutschland seine große Demüthigung, seinen ungeheuren Verlust, und alles Ungemach, welches es schon erfahren hat, und noch erleben wird, niemanden anders, als dem Könige von Großbritannien zu verdanken hat. Wie öfters hätte nicht Teutschland, ohne merklichen Nachtheil, aus der 1792 begonnenen großen Fehde der Könige gegen die Völker scheiden können, wenn England, welches im österreichischen Kabinete den starken Einfluß hatte, es nur gewollt hätte. Konnte Teutschland nicht dem Baseler Frieden beitreten? Hätte es alsdann dasjenige wohl verloren, welches jetzt eingebüßt wird? Man sollte sich daher in Teutschland immer mehr für fremdem Einfluß sichern. Kann diese politische Wahrheit aber wohl je zur Anwendung kommen, so lang' eine der Säulen des heiligen römischen Reichs — ein Kurfürst — auf dem brittischen Throne sizzet! Gewiß nie. Alles dieses ist nur zu wahr. Allein darf ein teutscher Staatsbürger, der kein regierender Reichsfürst ist, dem teutschen National-Convente wohl anders, als anonymisch, Wahrheiten sagen?

In Rastadt scheinet ja kein Friede für die teutschen Völker, sondern nur für die teutschen weltlichen Erbfürsten gemacht zu werden. Eine Folge des geführten Kriegs, der jene nichts anging. Daher unglüflicher Krieg, und sein Korrelat noch wenig tröstlicherer Friede. Ein jeder Teutscher muß sich wirklich für sein Vaterland schämen, wenn noch ein gemeinsames weiter, als auf dem Papiere, vorhanden seyn sollte.—Hätte die teutsche Nation, welche noch überdies die starken Friedenskosten eines, ver-

muthlich ohne allen Nuzzen verlängerten Kongreſſes
tragen muß, den Frieden zu machen; ſo würde er wohl
ganz anders ausfallen, als er jezt von der franzöſiſchen
Republik den teutſchen Fürſten aufgedrungen wird.
Daher hatte der kluge Kurfürſt von Köln wohl
recht, wenn er ſeinem Geſandten die kurze, und
keinen großen und unnüzzen Koſtenaufwand erfor-
dernde Inſtruktion gab: Signés, (unterſchreibt.)
Die teutſche Nation würde die Alternative eines
neuen, auf eine ganz andere Art geführten Kriegs
dem franzöſiſchen Direktorium gar bald begreiflich
machen. Warum ſollte dasjenige nicht in Teutſchland möglich ſeyn, was in Frankreich möglich
iſt? Ohne allen Zweifel, ſobald ein wahrer Zwek
des Krieges vorhanden wäre. In dieſem franzöſiſchen Kriege der politiſchen Revolution muß man
durch Meinungen ſiegen. Dieſen ſind die Franzoſen
vorzüglich ihre Vortheile ſchuldig. Kriegsglük gibt
es nicht. Der erwünſchte Ausgang dieſer unmora-
liſchen und unmenſchlichen Handlung, ſo wie jeder
anderer menſchlicheren hängt immer von einer allgemein wirkenden günſtigen Urſache ab. So lange
dieſe vorhanden iſt, entſcheidet der Verluſt einer
Schlacht ſo wenig, daß er vielmehr das Looſungs-
zeichen zu neuen Siegen und Eroberungen bleibt.
Der zu Ende gehende Krieg hat dieſe Wahrheit,
welche die Geſchichte aller Zeiten und aller Völker

lehrt, in mehr dann einer Gelegenheit bestätiget.
Im siebenjährigen Kriege war das riesenmäßige
Genie des demokratischen großen Königs von Preussen der Grund seiner Siege. Dieses elektrisirte alle
Preussen. Dadurch ward er und sein Heldenheer
unüberwindlich. Eine verlohrne Schlacht war der
sichere Vorbote neuer preussischer Siege. Nie war
der Lehrmeister aller Regenten seinen Feinden fürch-
terlicher, als wann er von ihnen am stärksten ge-
dränget ward. So lange sich also französische Grundsätze und Meinungen erhalten, und so lange die bis-
herigen fürstlichen dagegen gestellt werden; so lange
können die Republikaner ihrer Ueberlegenheit immer
gewiß seyn. Anders würde es aussehen, wenn man
in Teutschland die Kunst verstünde, den Krieg zu
nationalisiren. Dieses siehet man in den kleinen
unbedeutenden Hirten-Kantonen in der Schweiz;
noch mehr aber in England. Eine neue Koalition
der Fürsten gegen die große Republik ist also Unweisheit. Sie führt die Fürsten so sicher, als eine Sache
nur seyn kann, zu ihrem geschwindern Thronverlust.
Wer die Franzosen bekämpfen will, der muß ihre
Grundsätze, ihre Meinungen gegen sie anwenden.
Nur mit eben den Waffen, womit sie kämpfen und
siegen, müssen sie bekämpft und besieget werden.
Hat man wohl je nach diesem Prinzip verfahren?
Hat die Reichs-Deputation diesen Grundsaz wohl

je zur Richtschnur ihres Verhaltens angenommen,
ob sie gleich im Laufe der Unterhandlung dazu mehr,
denn eine sehr bequeme Gelegenheit gehabt hat?
Warum ist der Krieg mit so wenig Philosophie geführt? so wenig jene Weisheit in die Friedens-
Negotiation gelegt worden?

Zwar scheint es, daß der neue preussische Monarch,
welcher den großen König fleißig studirt, von der
eben vorgetragenen Warheit, welche so richtig, als
eine mechanische ist, überzeugt sei. Ist er es, so
läßt sich seine gegenwärtige Politik nicht erklären.
Wozu der Neutralitäts-Cordon, die bewafnete Neutralität des nördlichen Teutschlands, wenn er die
Absicht nicht hat, welche jeder Patriot dieses Theils
der Welt wünschen muß. Wozu die Coalition mit
Oesterreich und mit der despotischen großbritannischen
Regierung, um Revolutionen zuvor zu kommen?
Durch solche Fürstenverbindungen werden sie nicht
verhindert. Die öffentliche Meinung in politischen
Angelegenheiten läßt sich so wenig mit Kanonen erzwingen, als der Glaube durch ein Religions-Edikt
geboten wird. Wenn der König von Preussen das
lezte einsieht, warum wird ihm die erste Wahrheit
nicht eben so anschaulich? Es giebt für unser Jahr-
hundert nur eine Warheit. Und diese ist:

entweder Republiken, oder grosse Monarchien
regiert nach demokratischen Grundsäzen.

Das hat der grosse Weltweise auf dem preussischen Thron, Friedrich der Einzige, in seinen unsterblichen Werken gelehrt. Dem muß man folgen.

Wozu also noch das preussische ängstliche Hängen an einem Dinge, welches man noch höchstens auf einem akademischen Lehrstuhle in Teutschland findet? Warum will man sich noch ferner an eine Theorie halten, welche schön ware? nun aber, da die Ausübung mit derselben im steten Widerspruche steht, wie man dieses in Franken deutlich wahrnimmt, nichts anders,

als eine, zum blosen Vortheil der teutschen Erb-Regenten organisirte Willkührlichkeit ist.

Teutsche, und ein Teutschland hat es, nach der geschwächten kaiserlichen Macht, schon lange nicht mehr gegeben. Eine teutsche Fürsten-Republik ist seit dem westphälischen Frieden entstanden. Ein Fürsten-Verein, ganz auf Fürsten-Freiheit und Gleichheit geformet; wo aber der Stärkere, so wie es gemeiniglich in Republiken zu gehen pflegt, die Diktatur annimmt, und nur den Namen Republik stehen läßt. Jenes, von Frankreich seinen Nachbarn geschenkte, politische Ungeheuer hat für die teutschen mittelbaren Reichs-Unterthanen eben so viel Unheil gestiftet, als die Reformation für die Ausbildung des menschlichen Verstandes Gutes gewirket hat. — Auf dieser Basis sitzet der sogenannte

teutsche National-Konvent — wo die, in unfrucht-
baren Ceremonien starken Akteurs, ein, aus hun-
dertfältigen, sich gänzlich widersprechenden Rüksich-
ten zusammengesetztes Ganze machen wollen, und
wo das alte Sprichwort in voller Maße wahr werden muß: stets müßig, stets geschäftig.

Wäre dem nicht also, was müßte der teutsche
Volks-Senat nicht anjezt zu thun haben? Er
müßte doch wenigstens so thätig beim Friedensschlusse seyn, als er bei der Kriegserklärung, auf
dem Papiere, überenergisch war. Und doch nimmt
der jezige König von Preussen an dem regensburger
Echo so wenigen Theil, daß er bei der Reichstags-
Versammlung nicht einst einen Gesandten hat, der
die Rastadter Klagen repetirt, wenn die französische
Republik über die Bestimmung eines Prinzips nach
dem andern frohlokken könnte.

Preussen thut wohl, diese Anstalt für sich zu
endigen, und sie in so weit nur bestehen zu
lassen, als es das Interesse von Frankreich mit sich
bringt.

Jene Monarchie, worin man viele wiederherge-
stellte vernünftige Freiheit findet, muß mit der
großen Republik, dem nördlichen Teutschland eine
feste und dauerhafte politische Consistenz geben. Das
muß der Kern, der Geist des Baseler Friedens,
und seiner demnächst geschlossenen Conventionen,

namentlich der vom 5ten August 1796 seyn. An
etwas weiteres ist nicht zu denken. Eine Theil-
lung von Teutschland wird Frankreich nie zugeben.
Es ist bei der Erhaltung der sogenannten Reichs-
Verfassung zu wesentlich interessirt, um diese
aufgehoben zu sehen. Ja es würde einst für
Preussen nicht vortheilhaft seyn, wenn in Teutschland eine zweite Polonaise encoriret würde. Hieraus würden nothwendigerweise häufige blutige
Kriege mit den, durch die teutsche Theilung groß
gewordenen Nebenbuhler der preussischen Monarchie entstehen. Es muß mithin ein anderer Plan
eingeschlagen, und mit den natürlichen Bundes-
genossen von Preussen, mit Frankreichs republika-
nischer Klugheit und Stärke vereint, ausgeführt
werden. Man modele diesen Plan mit Herz-
haftigkeit auf den eingeschlafenen Fürstenbund,
und den, in Aktivität sich befindenden Hildesheimer Convent — ein merkwürdiges Phänomen
am teutschen politischen Himmel. Wer diesen
Cometen entdeckt hat, dem gebührt große Ehre
und warmer Dank. Nur nicht stille gestanden.
Der jezige Augenblik kömmt vielleicht nie wieder.
Darum muß der Genius von Preussen ihn nicht ver-
streichen lassen, wie er schon so manche Gelegenheit
aus den Händen gelassen hat, etwas solides auf
die Zukunft zu stiften. Wie schön läßt sich nicht

unter dem reichs-konstitutionsmäßigen Gewande
eines niedersächsischen Kreistages, oder einer Kreis-
Association der hinter liegenden Kreise ein neuer —
allein politischer schmalkaldischer Bund — eine
Verbindung treffen, die ganz dem Bedürfnisse
der Zeit angemessen ist. Hierzu gehört aber unbe-
dingt, daß jedes fremdartige Interesse aus dem
neuen Verein weichen müsse; denn sonst löset er
sich gar bald von selber auf. Dieses sei aus
dem nördlichen Theile von Teutschland auf ewig
verwiesen. Alle Fürsten, Stände und Einwohner
desselben, Hessen-Cassel und Sachsen mit eingeschlossen, müssen unter den preußischen Schuz, und
daher unter preußische Leitung treten, wenn sie sich
auf die Zukunft ein gewisses und frohes Daseyn
sichern wollen. Wie man nun diese Verbindung
nennen, wie man zur Eingehung derselben den Weg
bahnen will — beides ist und bleibt eine gleichgül-
tige Sache, wenn der Zwek nur erreicht wird.
Ein Mann von seltener diplomatischer Kenntniß und
Gewandheit, wie Dohm, dessen Verstand so wenig
durch Regensburger Formen eingerüstet, als dessen
Herz durch Pittischen Einfluß verdorben ist, wird
beides schon zu finden wissen. Der Zwek sei: Sicherheit für Völker, und Volksrevolutionen.

Preußen sei der Fels, woran Großbrittannien,
Rußland, und teutsche Volksverführer, mit ihren

respektiven Anschlägen scheitern müssen. Jener Zwek
werde durch die vernünftige Freiheit der klugen,
aufgeklärten, kalten, festen und tapfern Bewohner
des nördlichen Germaniens erreicht. Diese wird ge-
sichert seyn, wenn dem Genius des Zeitalters ange-
messene, mithin vernünftige Gesezze herrschen. Diesen gebühre von nun an die höchste Ehrfurcht —
ihnen mehr als denen, die sie zur Ausübung bringen. Die ersten Staatsdiener, die Könige und Fürsten dürfen daher nie eine größere Ehrerbietung verlangen, niemals einen größeren Gehorsam, als den
gesezlichen, begehren. Alsdann werden Leidenschaf-
ten, Kabalen und Launen, die Zügel der Regierung nie führen, und das Volk wird in einer solchen Monarchie vielleicht freier und glüklicher, als
in einer Republik seyn.

Um aber diesen schönen nördlichen teutschen Na-
tionalverein — der weit besser ist, als alle antirevo-
lutionaire Verbindungen mit England und Oestreich
sind, worinn sich gleich so fort ganz heterogene, sie
destruirende Theile mischen — auf eine dauerhafte
Art zu begründen, bleibt es durchaus nöthig, daß die
personelle Verbindung des Königes von Großbrittannien, und des Churfürsten von Braunschweig-
Lüneburg auf eine solche sanfte Art getrennt werde, daß sich das ganze Publikum von Europa für
diese Trennung erklären müsse.

Die Nachtheile, welche aus jener Individual-Verbindung entstehen, hat das Berlepsche Memoire und sein Supplement treflich kurz und eindringend geschildert. Diese Stellen verdienen die größeste Aufmerksamkeit, und müssen beim Direktorium in Paris, wenn man anders dem Volksrepräsentanten Poultier in Nro 974. des Ami de Lois trauen kann *), so wie zu Berlin und im nördlichen Teutschland große Aufmerksamkeit erregen.

Ich will diese weiter ausführen, und ihnen einige Bemerkungen hinzufügen, damit die gemeine Meinung, welche die Trennung der Chefs beider Gouvernements, des Brittischen und des Hannoverschen gebietend erheischet, noch mehr befestiget werde. Ich will zeigen, daß Frankreichs und Preußens politisches Interesse hierinn nur ein und dasselbe sei, daß beide Mächte diese Trennung eben so sehr bewirken müssen, als sie gewiß im ganzen nördlichen Teutschlande, und namentlich von den Stiefkindern des großbrittannischen Königes, von den Hannoveranern sehnlichst gewünscht wird.

---

*) Dieser schildert den Gegenstand in Absicht der handelnden Personen etwas anders, als er in der Wahrheit ist. Poultier nennet den Herrn von Berlepsch: *Envoyé de la régence d'Hannovre à Rastadt*, und sagt, er habe Namens der hannöverischen Regierung das Memoire übergeben. Bitterer hätte dieser Regierung ihr, dem Herrn von Berlepsch angethanes Unrecht nicht vorgehalten, und ihr gesagt werden können, was sie eigentlich für die, ihrer Leitung anvertrauten hannöverischen Unterthanen zu thun habe.

Jene Verbindung hat Frankreich schon seit langer Zeit geschadet. Eine Reihe von Ereignissen beweiset diese Wahrheit über allen Zweifel. Ich will bei den neuesten nur stehen bleiben, nachdem England zu seinem grösten Vortheil das sogenannte System der Continent-Verbindung, seit Chathams Ministerium, angenommen hat, und dieses von seinem Sohne in einer solchen Ausdehnung, und mit einem solchen Succes befolget ist, als es noch nie statt gefunden hat.

Im Jahr 1756 gieng der gröfeste Theil der hannöverischen Truppen nach England, weil man dort eine französische Landung befürchtete, und sie ward dadurch hintertrieben. Sobald diese Besorgniß gehoben war, ward eine englische Armee in den Ausschiffungs-Oertern, welche sich in den churbraunschweigischen Landen an der Weser und der Elbe finden, gelandet, welche, in Verbindung mit den Alliirten, die England insgesammt bezahlte, den ganzen siebenjährigen Krieg gegen die Franzosen im nördlichen Teutschlande führte. Durch diesen Continental-Krieg nahm England den Franzosen Canada im Hannöverschen ab. Bei der gibraltarischen Belagerung retteten vier hannöversche Bataillons diese Festung in einem Augenblik, in welchem die vereinigten Kräfte von Frankreich und Spanien dieselbe durch einen Ueberfall hätten erobern können. Dieser

günſtige Zeitpunkt war der, in welchem der Admiral
Howe eine Menge von Lebensmitteln für die bela-
gerte Beſazung ausgeſchiffet hatte. Unter dieſen war
vieler Rumm, und die engliſchen Soldaten beſoffen
ſich damit dermaßen, daß ſie zum Dienſte ganz un-
tüchtig waren. Die hannöverſchen Truppen, welche
an mehrere Disciplin, als die engliſchen gewohnt
ſind, beſezten daher die wichtigſten Poſten und das
Rumm-Magazin, damit ihre Waffenbrüder ſich nicht
weiter betrinken konnten. Hierdurch ward Gibraltar,
nach dem Zeugniſſe des rechtſchaffenen Elliots, Großbrittannien erhalten, und die hannöverſchen Bataillons bekamen ein, ſich darauf beziehendes Ehren-
zeichen, nemlich das Wort Gibraltar auf den rech-
ten Rockermel eingewürkt.

In Oſtindien gewannen bekanntlich zwei Batal-
lions Hannoveraner gegen einige franzöſiſche Regi-
menter die entſcheidende Schlacht bei Courdaloure.
Auf dieſe Art mußte vergoſſenes teutſches Blut immer den Engländern Vortheil ſchaffen, und den
Franzoſen ſchaden.

In dem gegenwärtigen politiſchen Revolutions-
Kriege blieb Churbraunſchweig ſo lange neutral, bis
ſich der König von Großbrittannien in die große
Fehde der Könige gegen die Völker miſchte. Sobald
aber Englands ehemalige Vaſallen, die Holländer,
in's Spiel kamen, da konnten die braven Hanno-

veraner nicht Menschen genug, für großbrittanni-
sches Interesse, stellen, und auf die Schlachtbank
führen lassen. Allein welchen Ausgang hatten die
Traktaten, welche Georg III. mit sich selber geschlossen hatte?

„Sobald Belgien und Holland verloren waren,
und das Hannöversche zehntausend Mann seiner besten Jugend, theils vor dem Feinde, theils im Ho-
spitale und durch Auswanderungen verloren hatte,
ging Großbrittannien, welches bei dem unterhal-
tenen Continential-Kriege genug gewonnen hatte,
nach Hause. Hannover blieb in der Fehde verwikelt
und sich nun allein überlassen. Ehe aber noch dieses
eintrat, bezahlte die hannöversche Regierung, theils
durch das vorhandene baare Geld, theils durch
die Interposition seines Credits in Hamburg, die
ganze englisch-hannöversche Armee beinahe sechs
Wochen.

Bei dem schreklichen Rükzug aus Holland durch
Westphalen in's Hannöversche war, in dem harten
Winter 1795, alle Communication zwischen England und dem festen Lande durch den Eisgang ge-
hemmet. Es konnten also keine Gelder und keine
englische Wechsel aus England ankommen. Sollte
nun die englisch-hannöversche und Emigranten-Ar-
mee nicht den größesten Mangel leiden: so mußte
die hannöversche Regierung sich in eine großbrit-

tannische

tannifche verwandlen und Geld anschaffen, welches denn auch auf die angegebene Art geschehen ist.

Wenn man die Reihe aller dieser Thatsachen erwägt, so folgt hieraus ungesucht:

Großbritannien hat von der hannöverschen Verbindung auf verschiedene Art Vortheile gezogen, und Frankreich ist sie in mehr dann einer Rüksicht stets schädlich und nachtheilig gewesen.

Es ist ferner reichskundig, daß Churbraunschweig ganz gegen seine, beim Teschner-Friedensschlusse geäusserten Grundsäzze, auf eine rußische Einwirkung bei dem Friedensschlusse des Reichs mit Frankreich zu zweienmalen, wie wohl ganz allein und vergebens, gestimmet hat. — Warum ist dieser Antrag geschehen? Wer hat ihn ausgedacht und an die Hand gegeben? Diese Fragen beantworten sich von selber, und zeigen deutlich genug, wie schädlich es für das französische Interesse ist, daß Pitt, der Wirkung nach, ein churfürstliches Votum auf dem Reichstage zu Regensburg führt. Wie gerne möchte dieser schlaue Minister nicht wieder die Kriegesflamme in Teutschland anfachen. Was kümmert ihn der Untergang der ganzen Welt, wenn Großbrittanniens Uebermacht zur See, dessen Handlungs = und Schiffahrts-Monopol, und damit Er Selber stehen bleibt?

B

Dieses zu schwächen, es in seine gehörigen Schranken zurük zu führen, das ist, und muß das Hauptaugenmerk des französischen Gouvernements seyn und bleiben. Hierauf muß sich seine ganze Politik koncentriren. Man sieht aus der Note des französischen Gesandten zu Rastadt vom 14ten Floreal [3ten Mai] 1798, daß jener Zwek der hauptsächlichste bei dem Friedensschlusse in Rastadt ist.

Um zur dritten Basis der Friedensunterhandlungen zu kommen, mußten die zwei ersten fortgesezt und angenommen werden.

In jener Note — die entscheidendste von allen — ist das Verlangen der französischen Republik äusserst merkwürdig. Es geht dahin:

> Daß die Rhein-Schiffahrt beiden Nationen, der französischen und teutschen frei stehen, und die andern Völker hieran keinen Antheil haben sollen, als mit respektiver Einwilligung, und unter den Bedingungen, die von beiden Nationen genehmiget worden.

Dieser Punkt geht offenbar gegen den englischen Handel und gegen die großbritannischen Manufakturen. Denn für die batavische Republik wird der Rhein frei werden.

England darf, wenn diese Haupt-Friedensbedingung vom Papier in die Wirklichkeit übergehet, bei der teutschen Nation keinen Einfluß haben. So we-

nig durch ein, dem Chef beider Regierungen zuge-
hörendes Land in Teutschland, wie das Hannöversche ist, als durch eine Stimme auf dem Reichstage
zu Regensburg.

Die Lage des Hannöverschen, und namentlich des
Bremischen, Cellischen, Lauenburgischen, Hojäischen
und Göttingischen, worinn bekanntlich die Elbe und
Weser fließen, ist zu vortheilhaft für den großbritannischen Handel nach Teutschland, als daß Frankreich es länger zugeben könnte, daß die bisherige
Personal-Verbindung des Königes von Großbritannien, und Churfürsten von Braunschweig-Lüneburg
noch ferner bestehen bleibe. Bleibt diese, so kann sie
einen Hauptpunkt des zu Rastadt zu schließenden
Friedens vereiteln. Denn, entweder sperret der englische König, mit Hülfe seiner selbst, als Churfürst
zu Hannover, den teutschen oder französischen Handel auf der Weser und Elbe, wozu er die bequemste
Gelegenheit hat, um dadurch die Zulassung der englischen Waaren auf dem Rhein zu erzwingen: Oder
er macht, was wahrscheinlicher ist, Niederlagen derselben im Hannöverschen, zu Haarburg, Stade,
Nienburg und Hameln, wo keine französische Con-
suls seyn werden. Die niedergelegten Waaren werden hierauf für teutsches Gut ausgegeben, und theils
zur Achse, theils auf der Weser, entweder nach Frankfurt oder nach Westphalen spedirt, von dort aus

B 2

aber auf den Mayn und Rhein weiter verschiffet
werden.

Um den eben entwikelten Zwek zu erreichen, können zwischen dem hannöverschen König und den englischen Churfürsten Handlungs-Verträge geschlossen
werden; das heißt: Georg III. oder sein Nachfolger,
bestimmt, wie es im Hannöverschen in Absicht des
brittischen Handels solle gehalten werden. Der Hand-
lungs-Traktat wird, wie ein Allianz-Traktat zwischen
Hannover und Großbritannien, der Wille des Regenten von England seyn. Dieser aber vorzüglich
darin bestehen: englische Schiffe und englische Waaren von den ansehnlichen Elbe- und Weser-Zöllen,
welche Hannover gehören, frei zu lassen.

Zu der eben angestellten Erwägung gesellet sich
eine andere wichtige, warum Frankreich die Personal-Verbindung des großbritannischen Königes mit
den Churfürsten von Braunschweig Lüneburg nicht
länger dulden kann. Bleibt der gegenwärtige englische Colonie-Handel; so erfordert er schlechterdings
wegen seiner großen Ausdehnung, eine nicht unbe-
trächtliche englische Landmacht.

Tragen die teutschen Reichsfürsten in Zukunft Be-
denken, ihre Unterthanen, wie bisher wohl hier und
da geschehen ist, zu verkaufen, oder wird der Handel mit weissen Menschen, da sie durch den französischen Revolutions-Krieg seltener geworden sind,

theurer, als er bis jezt gewesen ist; so wird der hannöversche Churfürst seine Truppen an sich selber, als
König von England, nothwendig überlaßen, oder
doch mind estens die englische und ostindische Werbung
in Teutschland, wie schon geschehen ist, nach der
ärgerlichen Stelle der kaiserlichen Wahlkapitulation
Art IV. §. 14. verlangen, und sie in seinen teutschen
Staaten verstatten. Er wird dieses um so mehr thun,
als das Vieh, Mensch genannt, nirgend so wohlfeil
als in der braunschweig-Lüneburgischen Fleischbou-
tique zu finden ist. Der großbritannische Finanz-
Minister wird in Zukunft einen leidlichen Preiß für
exercirte Menschen suchen müßen, und diesen in Hannover finden, weil die, dort roth gekleidete Unterthanen nichts kosten. Frankreich kann aber solche,
auf das Fell der Hannoveraner berechnete englische
Finanz-Spekulationen nicht weiter zugeben. Sein
eigenes Interesse erfordert es, sie zur Ehre der
Menschheit eben so gut zu verhindern, als die frän-
zösische Nation den Negerhandel abgeschaffet hat.
Sollte der privilegirte fürstliche Handel mit weißen
Menschen in Teutschland aber wohl mehr Begün-
stigung als der schwarze Sklavenhandel finden? Das
wäre eine wahre Schande für die französische Republik, und würde den Machiavellismus des Direk-
toriums derselben laut verkünden.

Die, von dem Willen des großbritannischen Königs abhängende hannöversche Truppen bleiben endlich, wenn sie nicht von Preußen bewacht werden, wie dieser Fall seit 1796 statt gefunden hat, für Frankreich immer bedeutend, sobald die Republikaner, es sei nun über kurz oder lang, in England landen wollen. Mit eben dem Winde, womit die Franzosen an Englands Küste zur Landung ankommen müssen, können zwanzig tausend Mann Hannoveraner in zweimal vier und zwanzig Stunden, von Stade oder Bremerlehe aus, woselbst eine englische Flotte gut aufgenommen werden muß, weil diese Oerter hannöversche Häfen sind, in England ans Land treten. Hierauf die gelandeten republikanischen Truppen im Rücken angreifen, und ihnen auf diese Art eine gewaltige Diversion machen. Der, mit Frankreich verbündeten batavischen Republik bleiben hannöversche Truppen gleich schädlich und gefährlich, so lange das hannöversche Staats-Interesse vom brittischen abhängt, oder, was einerlei ist, wenn ersteres überall nicht vorhanden ist. Die hannöverschen Truppen theilen entweder die Landmacht der batavischen Republik, oder greifen sie von der Landseite in eben dem Augenblicke im Rücken an, wenn die gelandeten großbritannischen Truppen die batavischen von der Seeseite von vorne attaquiren.

Der Fall, daß das Hannöverische den englischen
Finanzen, auf eine oder die andere Art, zu Hülfe
kommen müsse, wird leztlich in Zukunft immer mehr
und mehr statt finden. Haben die kurbraunschweig-
lüneburgischen Lande doch schon die Schulden des
Prinzen von Wallis bezahlen sollen! Wie wird also
in der Folge nicht hannöverisches Geld in den großbritannischen Finanz-Calcul mit in Anschlag kommen? Wird es nicht zur Civil-Liste des Königs von
England geschlagen werden, um die englische Nation an Abgaben zu erleichtern, oder um Parla-
mentsglieder willig zu machen, dasselbe durch neu-
erfundene Taxen noch mehr zu belegen? Können
solche Geldquellen Frankreich gleichgültig seyn?
In ältern Zeiten trat die Bejahung der hier vor-
gelegten Frage ein. Die bekannte persönliche Nei-
gung des Königs von England für seine teutschen
Staaten, die er kannte, und die ihn kannten, und
der mindere Schulden-Zustand der brittischen Nation leistete damals dem französischen Gouvernement
die Gewähre für die Unschädlichkeit der Personal-
Verbindung des Hauptes beider Nationen? Aber
ist der gegenwärtige Zustand der Dinge noch eben
so, wie er nicht lange vor dem Antritt der Regierung des jezigen Königs von Großbritannien war?
Hat sich nicht so manches seit dieser Zeit geändert?
Ist der Schulden-Zustand von Großbritannien nicht

zu einer fürchterlichen Höhe hinauf gestiegen? Sollte ein künftiger König nicht ganz Engländer seyn? es nicht seyn müssen, um bei der Nation beliebt zu bleiben, oder zu werden? Wird er wohl einen großen Werth in den Churhut und in seine teutsche Fürstlichkeit sezzen? denjenigen finden, welchen Georg III, nach seinem persönlichen Charakter, darinn antrifft, weil er sich in Hannover ungebundener, als in England, zu seyn glaubt, und da die Tendenz aller seiner Handlungen illimitirte Monarchie ist.

Bleibt es aber der Staatsklugheit von Frankreich nicht angemessen:

> die englischen Finanzen immer mehr und mehr sinken zu sehen; ihnen alle Zuflüsse, wo es nur möglich ist, abzuschneiden?

Ist dieses Hülfsmittel nicht eins der kräftigsten, um England von der Navigations- und Commercial-Höhe herunter zu stoffen, auf welcher es, so empörend für andere Nationen, hervorragt?

Das stolze, beinahe allein handelnde Albion kann nicht anders, als eines langsamen Todes sterben. Es muß in sich selber den Keim seiner Zerrüttung finden. Nur in England ist England zu zwingen. Verstopfter Handel auf dem festen Lande, unsichere Schiffahrt, angedrohete, aber nie vollführte Landung, zerrüttete Finanzen, stete Progression in den

Auflagen, hohe Affekuranzen, und gelähmte Manufakturen, das sind die einzigen Mittel, um Pitt zum
Frieden zu nöthigen. Alle diese Mittel müssen aus
der Ferne zugleich zur Hand genommen werden.
Sie müssen blos durch eine Reaktion auf England
wirken. Die Landungen in England und Irrland
verfehlen ihren Zwek. Sie fachen den National-
Stolz, und den National=Geist der Britten zu einem nicht geringen Gemeingeiste an. Sie vereinigen alle Partheien. Sie schaffen Geld und Menschen, da, wo man beides nicht zu finden glaubte,
und sie lehren dasjenige den Republiken, welches
die coalisirten Mächte gelernet haben, als sie mit
leichter Mühe Frankreich einnehmen und theilen
wollten.

Eine Nation, welche noch nicht ganz entnationa-
lisirt ist, die nicht aus föderativen Staaten bestehet,
wie Teutschland, läßt sich nicht theilen, und von
einer andern, wenigstens nicht ohne lebhaften Wi-
derstand, unterjochen. — Frankreich wird diese
Wahrheit, wenn es je eine Landung in England im
Ernst versuchen sollte, bald fühlen, und es bestätigt
finden, daß wenigstens ein Menschenalter dazu gehört, um eine Marine zu schaffen, ohne die man
doch nicht mit Sicherheit landet. Diese wird aber
nicht so leicht organisirt, als man in Frankreich vier-
zehn siegreiche Armeen schaffen konnte.

Ich glaube es hinlänglich dargethan zu haben, daß die Personal-Verbindung des Königs von Großbritannien mit dem Churfürsten von Braunschweig-Lüneburg dem Interesse Frankreichs völlig zuwider ist. Vergangenheit, Gegenwart, und Zukunft bestätigen diese politische Wahrheit; denn es wird Englands politische Maxime immer bleiben: auf dem festen Lande Kriege zu erregen, und zu unterhalten; weil dadurch Frankreichs Macht getheilt, und die Aufmerksamkeit der Seemächte von dem wahren Ziele; wohin England trachtet, abgeleitet wird. Diese Politik ist für Großbritannien zu vortheilhaft gewesen, als daß sie je abgeschaft werden sollte. Durch welches Land kann sie aber, vorzüglich jezt, besser Land-Kriege anzetteln, oder verlängern, als durch das Hannöversche, und durch den Einfluß eines Churfürsten in teutsche Angelegenheiten?

Eben so gegründet, als jene Wahrheit ist, eben so wahr ist es auch, daß die englisch-hannöversche Regenten-Verbindung dem preußischen Interesse gänzlich zuwider sey.

So lange das Hannöversche, welches kein unbeträchtliches Militärland ist, wenn es, wie eine dringende Wahrscheinlichkeit dafür spricht, durch das Aussterben der braunschweig-wolfenbüttelschen Linie, vergrößert wird, vom großbritannischen Könige abhängt, kann Preußen auf eine feste Verbindung mit Hannover nie zählen. Jene Macht wird immer da stehen, wo es das großbritannische Interesse verlangt. Das wird aber der guten Sache des nördlichen Teutschlandes um so nachtheiliger seyn, als sich bei dem Hause Hannover das Condirektorium im niedersächsischen Kreise befindet. Alles Vortheilhafte, was Preußen im nördlichen Teutschland für sich und seine Nachbaren ausrichten kann, wird immer prekair bleiben, so lange England, durch Hannover, in das System dieser wichtigen Hälfte unsers großen Vaterlandes einwirket.

Nichts beweiset die Richtigkeit dieser Behauptung besser, als dasjenige, welches sich bei Gelegenheit der bewafneten Neutralität des nördlichen Teutschlandes zugetragen hat.

Bekanntlich hat Hannover keinen Frieden mit der französischen Republik geschlossen. Eben so wenig ist es dem Baseler=Frieden ausdrüklich beigetreten; sondern hat bei demselben blos akquiescirt. Das heißt: nicht Frieden machen, sondern nur öffentlich erklären:

Man wolle sich so lange ruhig verhalten, als es die Convenienz mit sich bringen würde.

Hannover konnte durchaus nicht anders handeln. Denn, wie hätte derselbe Mann, als Churfürst, mit Frankreich einen Frieden schließen können, der, als König von Großbritannien behauptete: es sei gar nicht möglich, mit Frankreich einen Friedens-Vertrag einzugehen?

Eine solche Inkonsequenz, als ein hannöverscher Friedensschluß mit Frankreich, oder der ausdrückliche hannöversche Beitritt zum Baseler Frieden seyn würde, konnte der König von Großbritannien nicht begehen. Aus dem einzigen Worte akquiesciren, entstund aber selbst für Preußen eine äußerst prekäire Lage, so bald nemlich Frankreich nicht weiter bei der hannöverschen Akquiescenz akquiesciren wollte. Denn kann gegen Hannover ein Krieg geführet werden, ohne die benachbarten Länder mit zu treffen? Wie weit ist aber die mindensche, halberstädtische und brandenburgische Grenze von der Churbraunschweigischen entfernet?

Anstatt auch, daß sich Hannover, seiner gegebenen Versicherung nach, hätte ruhig verhalten sollen, war es auf englischen Befehl, äußerst unakquiescirend. Es akquiescirte also nur auf dem Papiere.

Hannover begieng im Sommer 1795. durch die französische Emigranten-Einschiffung auf der Elbe im Bremischen, aller papiernen Akquiescenz ohngeachtet, die größeste Feindseligkeit gegen die französische Republik. Jene Corps würden wohl ewig un-einbarquiret geblieben seyn, und ihren Tod zu Qut beron nicht gefunden haben, welchen Pitt absichtlich veranstaltet haben soll, um der französischen Marine die besten See-Officiere zu rauben, welche er zu der quiberonschen Noyade eigens eingeladen hatte, wenn Hannover die Einschiffungsörter nicht hätte hergeben müssen.

Andere Staaten an den Strömen des nördlichen Teutschlandes hatten diese Einschiffung, ja einen jeden Vorschub zu derselben, ihren Unterthanen sehr verboten.

Preußen kam hierdurch, seines nie genug zu verdankenden und wahrhaftig recht väterlichen Betragens gegen die teutschen nördlichen Völker ohngeachtet, durch das, in Chur-Hannover travestirte England, in nicht geringe Verlegenheit. Es war für Hannover Negotiateur bei der französischen Republik gewesen, und hatte es bewirkt, daß diese den besondern hannöverschen Krieg — einen Mückenkrieg gegen einen Colossenkrieg — vor der Hand nicht ahnden wollte. Und nun mußte es auf die aller auffallendste Art sich kompromittirt sehen, und darüber von Frankreich die unangenehmsten Vorwürfe hören.

Die hannöversche Duplicität erforderte es daher, daß Preußen sich entschließen mußte, die hannöverschen Truppen aus aller Wirkung gegen Frankreich und gegen die batavische Republik zu sezzen. Sie nach dem Effekt, wie wohl auf eine unanstößige,

ja anſtändige Art zu entwaffnen: Solchergeſtalt,
daß ſie nicht nur die Waffen behielten, ſondern noch
gar deren mehrere anſchaffen mußten; ſie aber nicht
brauchen durften.

Um dieſes zu bewirken, um Frankreich und Holland für eine hannöverſche Diverſion ſicher zu ſtellen,
gaben die Franzoſen vor, im Frühjahr 1796. ins
Hannöverſche vordringen zu wollen. Die republika-
niſche Armee, welche dieſes bewerkſtelligen ſollte, iſt
aber immer inkognito geblieben, und hat alſo das
militäriſche Phänomen zu Tage gebracht, daß ſich
im nördlichen Teutſchlande eine große teutſche Armee befindet, ohne daß eine franzöſiſche ihr gegen-
über ſtehen ſollte. Der umgekehrte Fall wird im ſüd-
lichen Theile unſers großen Vaterlandes gefunden,
wo eine große franzöſiſche Armee angetroffen wird,
da ſich dagegen die Reichsarmee in einem ſolchen
ſtrengen inkognito aufhält, daß man nicht einſt den
Ort ihres Aufenthalts anzugeben vermag.

Die Preußen hatten jenen Plan mit den Franzoſen abgeredet, und nun mußte in aller Eile eine
preußiſche Obſervationsarmee ausrüffen, welche aber
nichts anders, als die Bewegungen der Hannoveraner zu beobachten hatte, welche die Preußen auf die
höflichſte Art eingeſperret haben.

Diejenigen, welche in Hannover mehr engliſch,
als hannöverſch denken, wollten ſich daher für die

churbraunſchweig = lüneburgiſche Conkurrenz zu der
bewaffneten Neutralität des Norden von Teutſchland,
und zu dem dazu erforderlichen Koſten = Aufwande
nicht geneigt erklären. Sie gaben zu dem Ende vor,
daß dieſe Armatur=Anſtalt gegen den Kaiſer gerich=
tet ſeyn könne, und verſchoben daher alle Einſchrei=
buͤgen, wie ſie ſich in ihrer reichstäglich = barba=
riſchen Schreibart auszudrüken beliebten, bis auf
einen zu haltenden Kreistag in Niederſachſen. Das
hieß, die wohlgemeinte preußiſche Abſicht ganz ver=
eiteln. Allein das berliner Cabinet benahm den ang=
liſirten Herren in Hannover gar bald den hervor=
geſuchten reichs=konſtitutionsmäßigen Einwand, und
bezeugte vielmehr dem hannöverſchen Miniſterium auf
die offenſte Art, daß die Perſonal=Verbindung des
Churfürſten von Braunſchweig = Lüneburg mit dem
Könige von Großbritannien einzig und allein die
Vorſichtsmaßregeln erforderlich mache, welche we=
gen der franzöſiſchen Republik ergriffen werden
müßten.

Die Regierung in Hannover ward hierauf, wie
jezt bekannt genug iſt, durch die hannöverſchen Land=
ſtände, oder was wohl richtiger iſt, durch die guten
Eigenſchaften des hannöverſchen Herrn Landraths
von Berlepſch gezwungen, hannöverſch zu denken
und zu handeln. Dieſer mochte es wohl einſehen,
daß Preußen einen Riegel für die landesvaͤterlichen

Geſinnungen des Königes von England im hannö‑
verſchen ſchieben würde. Er ſuchte desfalls den Hrn.
Churfürſten mit ſeinem Lande wieder zu vereinigen,
da ſich dieſer von demſelben getrennet hatte.

Sein Betragen hat den Beifall des Berliner Ca‑
binets, und des Titus unter den Fürſten Teutſch‑
landes, des Hrn. Herzoges von Braunſchweig‑Wol‑
fenbüttel, gefunden, da beiden die ächt patriotiſche
Arbeiten des Hrn. von Berlepſch vom Mai 1796.
durch den Herrn Geſandten von Dohm vorgelegt
ſind.

Auf dieſe Art kam der Neutralitäts‑Cordon zu
Stande. Wozu dieſer angeordnet worden, darüber
gibt die, am 5. Auguſt 1796 geſchloſſene Conven‑
tion zwiſchen Preußen und der franzöſiſchen Republik
eben den Aufſchluß, welchen ich oben angegeben
habe. Dieſer Zwek kann jezt diplomatiſch bewieſen
werden. Man leſe den ſechsten Artikel dieſer Ver‑
bindung und kommentire ihn auf die einfachſte Art;
alsdann iſt das Reſultat ohngezweifelt vorhanden:

Preußen bewachet die Hannoveraner, damit
ſie nicht weiter durch den engliſchen Einfluß
gezwungen werden, Schritte zu thun, welche
dem Wohl des nördlichen Teutſchlands und
dem hannöverſchen Staats‑Intereſſe offen‑
bar zuwider ſind.

Mir

33

Mir fei es erlaubt jene Stelle der Convention zu
überfezzen, und dabei den ganz natürlichen Kommentar zu liefern. Sie lautet dahin:

„ Seiner Majeſtät der **König von Preußen**
„ übernimmt die Garantie, daß überall keine Trup-
„ pen der Stände, welche in der Neutralität des
„ Norden von Teutſchland begriffen ſind, aus
„ der, im erſten Artikel bezeichneten Linie heraus
„ gehen ſollen, um die franzöſiſchen Armeen zu
„ bekriegen, oder um irgend eine Feindſeligkeit
„ gegen die vereinigten Provinzen von Holland
„ zu begehen. Zur Erreichung dieſes Zweks wird
„ Höchſtderſelbe ein hinlängliches Obſervations-
„ Corps zuſammen ziehen, und wird ſich hierüber
„ mit den Fürſten und Ständen vernehmen, deren
„ Länder in der Demarkations = Linie liegen, damit
„ ſie ſich mit Höchſtderſelben, zur Erreichung jener
„ Abſicht, vereinigen mögen. Die einzige Beſtim-
„ mung dieſer Truppenzuſammenziehung wird dieſe
„ ſeyn: den Norden von Teutſchland für alles das-
„ jenige zu bewahren, welches ſeiner Sicherheit
„ Eintracht thun könnte *)

---

*) Art. VI. Sa Majesté le *roi de Prusse se* charge de la
garantie, qu'aucunes troupes des états compris dans
la neutralité du Nord de l'Allemagne ne sortant de la
ligne indiquée à l'article I. pour combattre les armées
françaises, ni pour excercer aucunes *hostilités* contre

C

Nun frage ich billig, um den Kommentar dieses Vertrages zu liefern: wem war in Norden Teutschlandes daran gelegen, die französischen Armeen zu
bekriegen? Wen konnte es in diesem Theile der Welt
interessiren, daß Feindseligkeiten gegen die batavische Republik ausgeübet wurden? Wer hatte dazu
die Mittel? Wer wollte und konnte der Sicherheit
des Norden von Teutschland Eintracht thun?

Um diese Fragen insgesammt richtig zu beantworten, muß man, auf der einen Seite 1. (da der
ganze Traktat vom 5ten August 1796, sich namentlich auf Truppen der Stände einschränkt, welche in der Neutralität von Teutschland begriffen
sind, und 2.) da es in dem Eingange der Convention, sehr merkwürdiger Weise, heißt:

„Nachdem Seine Majestät der König von Preu-
„sen, und die französische Republik es für zuträg-
„lich gehalten haben, die Stipulationen, welche
„die Neutralität des Norden von Teutschland be-

les Provinces unies. Pour cet effet elle rassemblera
un corps d'observation suffisant, et se concertera à
cet égard avec le princes et états, dont les Pays sont
renfermés dans la ligne de démarcation, afin qu'ils se
joignent à elle, pour concourir à ce but. L'unique
destination de ce rassemblement sera, de garantir le
Nord de l'Allemagne, contre tout, ce qui porteroit
atteinte à sa sureté. *Hæberle* Staats-Archiv 9tes Heft
S. 54.

„ treffen, nach einer, den gegenwärtigen Um=
„ ständen angemeſſenen Art, zu modificiren u. ſ. w. *).

Jene Truppen insgesammt die Musterung paſſiren
laſſen, hierbey die Staatskräfte der Stände, denen
ſie gehören, und das bisherige politiſche Betragen
dieſer Fürſten und Stände vor Augen haben; auf
der andern Seite aber auch erwägen, was der
hannöverſche König und engliſche Churfürſt a.) theils
in den Jahren von 1793 bis 1795 gegen Frankreich
gethan hat, b.) theils wozu er den, im Sommer
1796 bereits an der Grenze von Weſtphalen ver=
ſammelt geweſenen Neutralitäts=Cordon brauchen
wollen, welche Thatſache die gegenwärtigen Umſtän=
de ausmachen, unter welchen die Convention vom
5ten Auguſt 1796 hat eingegangen werden müſſen.

Der Herzog von Braunschweig Wolfenbüttel, die
herzoglich=mellenburgiſchen Häuſer, die geiſtlichen
Fürſten im niederſächſiſchen und weſtphäliſchen Kreiſe
als Hildesheim, Lübek, Münſter, Paderborn, Cor=
vey, die Herzoge von Oldenburg und Delmenhorſt,
die Grafen von Waldek, Lippe, Pyrmont, Stein=
furth, Ritberg und Anholt, und die Kaiſerlichen

*) Sa Majesté le Roi de Prusse et la République fran-
çaise ayant jugé convenable de modifier d'une manie-
re conforme aux *circonstances actuelles* les stipulations
concernant la neutralité du Nord de l'Allemagne etc.
S. Häberlin a. a. O. S. 51. und 52.

freien Reichsſtädte, welche in dieſen Reichskreiſen
liegen, als Hamburg, Bremen, Lübeck, Goßlar,
Mühlhauſen, Nordhauſen und Dortmund haben,
theils das Wollen, theils das Können nicht, die
franzöſiſchen Armeen zu bekriegen, oder Feindſelig-
keiten gegen die bataviſche Republik auszuüben. Alle
dieſe Fürſten und Stände haben es nie beabſichtiget,
dem Norden von Teutſchland Eintracht zu thun; vielmehr zeigt ihr konſequentes politiſches Betragen, daß
ſie auf die aller vorſichtigſte Art, eine jede Gelegenheit zu entfernen geſucht haben, welche ſie, als beſondere kriegführende Mächte gegen Frankreich, nur
irgend hätte darſtellen können.

Wismar, Poel und Neukloſter haben ſich aber in
das ganze Neutralitätsweſen des Norden von Teutſchland nicht eingelaſſen, weil Schweden gleich vom
Anfang der franzöſiſchen Revolution in genauer Verbindung mit der großen Republik geblieben iſt, und
alſo, zumahl in ſeiner, vom Krieges-Schauplazze
ſo ſehr entfernten Lage, die Ergreifung einer Neutralität, gar nicht nöthig gehabt hat. Holſtein-Glük-
ſtadt hat ſich ebenwenig in dieſe Sicherheits-Maaß-
regel tief einmiſchen wollen, da Dänemarks politiſches, ſich immer gleiches, und wenn man die Wahrheit ſagen will, über alle Mächte Europens in dem
franzöſiſchen Revolutionskriege kulminirendes, höchſt
weiſes, ſtandhaftes, und ehrenvolles Betragen nicht

einſt einen entfernten Argwohn, ſelbſt unter Robes-
pierre Tirannen-Regierung, auf ſich gezogen hat,
daß ſeine höchſtfriedfertigen Geſinnungen gegen das
Land Frankreich nicht erſtlich gemeinet geweſen ſeyn
ſollten; mithin ſich in gleichem Falle als Schweden
befunden hat.

Heſſen-Schauenburg hat aber allen Antheil an
einer bewafneten Neutralität von ſich abgelehnt,
weil Heſſen-Caſſel einen höchſtweiſen Frieden mit
der franzöſiſchen Republik geſchloſſen hat, der alle
heſſiſchen Unterthanen ſo glüklich macht, daß in dieſer Hinſicht keine glüklicheren Menſchen weit und
breit zu finden ſind. Heſſen-Caſſel aufrichtiges Betragen gegen Frankreich leidet daher nicht einſt
den entfernteſten Grad von Mißtrauen.

Wer bleibt nach dieſer, durchaus wahren Be-
ſchaffenheit der Dinge, noch über, gegen den der
eben hergeſezte Artikel des, zwiſchen Preußen und
der franzöſiſchen Republik geſchloſſenen Vertrages
vom 5ten Auguſt 1796. gerichtet ſeyn kann? Niemand anders, als der engliſch-hannöverſche Churfürſt: 1.) weil dieſer einige zwanzig bis dreißig
tauſend Mann, in Uebung des Streits begriffen,
auf den Beinen hat, oder doch wenigſtens in aller
Geſchwindigkeit zuſammen bringen kann;

2.) Weil er, als beſondere Macht, nach ſeiner Ge-
müthsſtimmung, den aller thätigſten und ſpecielſten

Antheil an der großen Coalition gegen Frankreich genommen hat;

3.) weil er daher mit der französischen Republik in einem besondern Krieg begriffen gewesen ist, und sich noch jezt darinn verwikelt befindet: dann, die einstweilige Anerkennung einer, ihm abgenöthigten Neutralität, ist kein Friedensschluß;

4.) weil er bis auf diesen Augenblik keinen besondern Frieden, wie doch Würtenberg und Baden gethan haben, mit der französischen Republik gemacht hat;

5.) weil er, nach seiner papiernen Akquiesceng zum Baseler Frieden, und seiner Additional-Convention im Sommer 1795 eben das Gegentheil derselben eintreten lassen, und die größesten Feindseligkeiten, durch die Einschiffung der Emigranten-Corps zur quiberonschen Expedition nach der Vendee wider die Franzosen begangen hat, und

6.) weil er, wie jeder aus der mißglükten Unterhandlung des großbritannischen Feuer-Anbläsers, des Herrn Hammond in Berlin im Sommer 1796 weiß, den Neutralitäts-Cordon dazu brauchen wollen, den Franzosen eine Diversion in Holland und Brabant in dem Augenblik zu machen, als die siegreichen republikanischen Armeen bis an die Donau vorgedrungen waren.

Welcher Motive, und welcher angewandten Mit-

eel sich damals Pitt in Berlin bedient hat, um die
in Westphalen versammlete preußisch-hannöversche
Armee in Bewegung zu bringen, darüber würde
man manchen, gewiß das größeste Aufsehen erre-
genden Aufschluß erhalten, wenn die edle Diskretion
des, durch seine moralischen Gefühle und Tugenden
noch mehr als durch seine Regentenwürde erhabenen
jezigen preußischen Monarchen es erlaubt hätte, die
Papiere der Gräfin von Lichtenau in's Publikum
treten zu lassen.

Nach diesem Betragen, dessen sich der Churfürst
von Hannover schuldig gemacht, weil man unmög-
lich zwei differente Hirnkammern in des Königes
Georg III. Kopf anzunehmen im Stande ist, wovon,
zu einer und derselben Sache, die eine, die englische Ja, und die andere, die hannöversche Nein
sagt, kann die weit spätcrer geschlossene preußisch-
französische Convention, als die Ausrükung der, die
Neutralität des Norden dekenden Armee ist, welche
schon im Junius 1796 an dem Ort ihrer Bestimmung war, niemand anders, dann das englische
Hannover betreffen. Dieser Staat ist der einzige,
der die französischen Armeen, wie schon im siebenjährigen Kriege geschehen ist, bekriegen kann, und
will, der gegen die batavische Republik Feindseligkeiten auszuüben wohl Lust haben möchte, welcher
der Sicherheit des nördlichen Teutschlandes Ein-

tracht zu thun im Stande iſt, und der die Zuſam-
menziehung eines preußiſchen Obſervations-Corps
nöthig gemacht hat. Dieſes muß daher, in einer
Geld-Verbindung mit den übrigen Fürſten und Ständen der hildesheimer Union, das hannöverſche
Truppen-Corps, auf eine ſchikliche Art, einge-
ſchloſſen, und, nach dem Effekt, entwafnet halten.
Hierzu müſſen die hannöverſchen Truppen, ohne daß
ſie es wiſſen, ſelbſt mitwirken.

Sie ſind jezt die Nationalgarde, um den engliſchen Landesherrn in Ordnung zu halten, damit er
ſeinen hannöverſchen Unterthanen nicht weiter ſchade.
Desfalls muß der Cordon, nun beinahe ſchon zwei
Jahre, nicht gegen Frankreich; denn wo iſt die re-
publikaniſche Armee, die das nördliche Teutſchland
bekriegen wollte; ſondern gegen den engliſchen Einfluß in hannöverſchen Angelegenheiten zuſammen
bleiben; da dieſer einen Krieg in's nördliche
Teutſchland hinein ſpielen kann. Desfalls muß der
preußiſche Staat große Koſten anwenden, und ſein
Geld aus der Cirkulation ſeines Landes, ganz gegen ſeine weiſen Finanz-Maximen, heraus wandern
ſehen: Es ſich zu einem traurigen Geſchäfte gereichen
laſſen, den übrigen Fürſten und Ständen des Norden von Teutſchland ſolche Ausgaben anzuſinnen,
daß ſie, unter dem Druke der Beſorgniß, daß die
franzöſiſche Nationalrache ſie mit treffen möchte,

wenn Hannover für seine feindseligen Absichten und Handlungen gegen die große Republik und Nation von ihr gezüchtiget werden sollte, beinahe zu Boden sinken.

Wäre alles, was ich hier gesagt habe, nicht die reine Warheit, ohne alle Uebertreibung, ließe sich denn die Verlängerung des bewaffneten Zustandes im nördlichen Teutschlande, und des, damit verbundenen unermeßlichen Kosten-Aufwandes wohl erklären? Hält dann die Republik Frankreich so wenig einmal eingegangene Traktate, um es nöthig zu machen, daß man, mitten im Frieden, die Nothwendigkeit eines bewaffneten Zustandes herbei führe. Das wäre eine fürchterliche Entdekung, die jedoch bis jezt zu viel, mithin nichts beweiset.

Hessen-Cassel giebt zudem den praktischen Gegenbeweis einer solchen Behauptung an Hand. Warum muß dann Preußen anders handeln, als Hessen-Cassel thut, welches noch exponirter, wie Preußen liegt, und dannoch keinen Defensions-Cordon zusammengezogen hat; mithin seinen Unterthanen keine Defensions Kosten zuziehet? Sollte Preußen, nach seinem, mit Frankreich geschlossenen Frieden weniger sicher seyn, als jene, nicht so unbedeutende Puissance? Wer kann so etwas nur denken.

Preußen muß also einen Theil seiner Staatskräfte verschwenden, weil es einen unzuverläsigen Nach-

barn hat, der, wenn es Pitt will, immer neue Hän-
del anfangen muß, und dadurch seine Nachbarn in
Ungelegenheit, Schaden und Kosten sezzen kann.

Der geschlossene Reichs-Friede wird hierunter
keine Aenderung treffen, weil hieraus noch kein
Special-Friede von Frankreich mit Hannover, als
besondere Macht betrachtet, folget.

Diese Folgerung scheint die mehr berührte Convention zwischen Preußen und der französischen Republik vom 5ten August 1796 selbst zu rechtfertigen,
da sich kein Termin ihrer Dauer und ihres Endes
darin ausgedrükt befindet. Die Beendigung derselben ist daher nicht ehender anzunehmen, als bis die
Absicht völlig erreichet worden, warum sie eingegangen ist.

Nach der eigentlichen Bewegursache des bewaffneten Zustandes des nördlichen Theils von Teutschland muß also jene Convention noch nach dem Friedensschluß mit dem heiligen römischen Reiche bis dahin bleiben: entweder, daß Hannover mit Frankreich einen besondern Frieden geschlossen hat (denn
seine anerkannte jezige Neutralität hebet die
Nothwendigkeit eines besondern Friedensschlus-
ses keinesweges auf) oder daß die große Fehde mit
England zu Ende ist. Da aber dieser Zeitpunkt,
selbst wann der König von Großbritannien mit der
französischen Republik einen Frieden geschlossen ha-

ben follte, noch fehr weit entfernet bleibt, weil,
wahrſcheinlicher Weiſe, nur ein Ausruheſtand für
beide abgemattete Nationen, bis dahin erfolgen wird,
daß die eine wieder anfangen kann, und da nach
aller Wahrſcheinlichkeit, Frankreich ehender wieder
auf den Beinen, als England ſeyn wird; ſo zeigt
ſich für Preußen und alle hannöverſche Nachbarn
eben keine frohe Ausſicht. Wenn erſtere Macht daher keine Trennung zwiſchen dem engliſchen Churfürſten und dem hannöverſchen König veranlaſſet;
ſo wird ſie ſich noch öfters genöthiget ſehen, in Rükſicht des Ruheſtandes des nördlichen Teutſchlandes
Geld zu verausgeben. Wie leicht iſt es nemlich nicht,
wenn Frankreich von Maynz aus, über das, zu den
Werken dieſer Feſtung gerechnete Caſſel, jeden
Augenblik Truppen über den Rhein marſchiren
laſſen kann, den König von England im Hannöverſchen zu bekriegen, und wie öfters werden ſich nicht
ſolche Vorfälle ereignen, wenn die, nie verlöſchende
Spannung zwiſchen dem heutigen Rom (Paris), und
Carthago (London) bleibet, und die Vereinigung
zwiſchen dem König von Großbritannien und dem
Churfürſten von Hannover weiter Statt haben ſollte? Solche ewige Nekereien muß aber Preußen,
welches auf ſeinen Landes-Grenzen Ruhe und Ordnung verlangt, von Grund aus zu heben ſuchen. Es
muß alſo die Trennung des Chefs beider Gouverne-

ments, des Brittischen und des Churbraunschweig-
Lüneburgischen wünschen, begünstigen und veranlas-
sen. Denn diese Trennung ist das einzig zuverläßige
Mittel zur Erreichung jenes Zwecks. Preußens Staats-
raison will daher diese Veränderung, man betrachte
die Gegenwart, oder die Zukunft, man vereinige
mit der hildesheimischen Association weit umfassende
Rücksichten, oder den engherzigen Gedanken eines
ephemerischen Schuzzes.

Diejenigen Gründe, welche bisher angeführt sind,
um zu beweisen, daß die vorhandene Vereinigung
des Königes von England und des hannöverschen
Churfürsten für Frankreich und Preußen nachtheilig sei, zeigen ihre Gemeinschädlichkeit, ohne vieles
Kopfbrechen für die gesammten Reichs-Territorien,
welche mit den Churbraunschweig-Lüneburgischen
Landen gränzen: Insbesondere aber für die Bewohner des Hannöverschen. Nicht zu gedenken, daß
jene dadurch in Kriege, welche sie durchaus nichts
angehen, verwikelt werden können, weil auf dem
langen und schmalen Striche Landes, welchen die
chur-braunschweigischen Provinzen bilden, kein, sie
allein treffender Krieg geführt werden kann, so em-
pfinden sie durch die vielen Millionen, welche sie
ganz unnöthigerweise, bis lang an Kosten der bewaffneten Neutralität haben entrichten müssen, das
Drükende ihrer Nachbarschaft, mit den englischen

Churfürsten. Alle diese Kosten würden nicht nöthig gewesen sein, wenn jene angezeigte schädliche
Verbindung nicht existirte, und wenn sie ihre nach-
theilige Wirkung nicht genugsam geäußert hätte.

Die Fürsten und Stände des Norden von Teutschland können, gleich wie das heilige Römische Reich
die sie drükende Auflösung dieser Gemeinschaft verlangen; da es niemand mit Billigkeit begehren kann,
daß sie für Hannover jährlich Millionen aufopfern,
und solchergestalt den Keim der Unzufriedenheit unter ihren Unterthanen verbreiten sollen, der durch
Steuer-Beiträge gewiß in reichlicher Maße aus-
gestreuet wird. Ja sie haben zu dem Begehren einer nöthigen Trennung, selbst aus einem Reichs-
geseze, ein vollkommen Recht. Denn es heißt, sehr
anwendbar auf den vorliegenden Fall, in der kaiserlichen Wahlkapitulation Art. 28. §. 1.

„Wir sollen und wollen auch zu Verhütung al-
„lerhand Simultäten, und daraus entstehenden
„gefährlichen Weiterungen nicht gestatten, daß die
„auswärtigen Mächte, oder deren Gesandte, sich
„heim-oder öffentlich in die Reichssachen mischen.“

Ist es aber nicht, wie es bisher praktisch gezeiget worden, eine, zu gefährlichen Weiterungen füh-
rende, Simultät, wenn England, in Hannover
umgeformet, sich durch diesen Einfluß, das ist: heim-
lich in die Reichssachen, nemlich in die Sicherheit

des westphälischen und niedersächsischen Kreises dadurch mischt, daß es den Ruhestand dieser Länder gefährlich macht.

Was endlich die hannöverschen Lande angeht; so kann wohl keiner seiner Bewohner ein so großer Feind seines Vaterlandes seyn, um die Trennung der Personal-Verbindung zwischen dem Großbritannischen König, und dem Braunschweig-Lüneburgischen Churfürsten nicht sehnlichst, wenigstens der Folgen wegen, zu wünschen.

Man mag die Vergangenheit, Gegenwart, und vorzüglich die Zukunft vor Augen haben, so liegen eine solche Menge Gründe vor, daß es kaum nöthig ist, über die Statthaftigkeit dieses, mit einer monarchischen Regierungs-Verfassung durchaus eng verbundenen Verlangens noch ein Wort zu verlieren.

Schon muß im Allgemeinen im Hannöverschen die politische Monstruosität auffallen:

„ einen Landesherrn zu haben, der nie im Lande
„ gewesen ist, der niemals in's Hannöversche kömmt,
„ und der dahin nie kommen wird, den seine teut-
„ schen Unterthanen so wenig kennen, als daß er sie
„ kennen sollte, zu dem man nicht anders, als durch
„ diejenigen gelangen kann, welche die Unterdrü-
„ cker sind, d. i. der, bei der hannöverschen Anae-
„ legenheiten nicht weiter zu sehen im Stande ist,

„ als man ihn durch die churbraunschweigische Re-
„ gierungs-Brille sehen lassen will. "

Sind jene alle, oder die mehrsten von ihnen solche
Menschen, als Herr Rehberg, — ein Matador
unter den Obskuranten und Eudämonisten — so
erwesen sie wahrhaftig kein günstiges Vorurtheil
für sich.

Die von Berlepsche Dienstentlassungssache hat die
hannöversche Regierung von keiner günstigen Seite
gezeiget. Sie hat diese bekannte aristokratische Re-
poten-Minister-und Sekretarien-Regierung unge-
mein verhaßt, und verächtlich gemacht. Das aller-
mildeste Urtheil, welches man von ihr fällen kann,
ist dieses, daß sie hart und unweise ist.

Ein solches Betragen verzeihet das Publikum einer Regierung, welche, wegen der beständigen Abwesenheit des Landesherrn, unter landesherrlicher
Estampille thun kann, was sie will, weil sie gede-
tet hinter dem Schirm sizzet, am wenigsten.

An begangene einzelne Ungerechtigkeiten von Regierungen ist das Publikum von Teutschland schon
gewohnt. Es wird daher nicht so sehr beleidiget,
als wenn eine Ungerechtigkeit, mit auffallender
Härte, in die Augen fallender Unweisheit, und
mit einem Betragen gepaaret wird, das an Revolution, welche so gut von oben, als von unten kommen kann, sehr nahe angränzet.

Höchst unpolitisch ist es von den hannöverschen Regierungs-Männern, von denen man doch nicht annehmen kann, daß sie die Trennung des Hannöverschen von Großbritannien wünschen, gehandelt gewesen, daß sie den Hrn. von Berlepsch so zu sagen gezwungen haben, das Schädliche der Personal-Verbindung des brittischen und hannöverschen Regenten vor den Richterstuhl des ganzen europäischen Publikums zu bringen.

Was können sich die Landes-Unterthanen von Männern versprechen, die, mittelst Untergrabung der dokumentirten Landes-Verfassung, so ungerecht, als höchst unweise handeln. Können sie bey ihnen nur irgend ein Widerstands-Vermögen gegen ungerechte und landesverderbliche Plane eines englischen Beherrschers annehmen? Da sie, nach den Grundsäzen, welche sie über die Stätigkeit der Staats-Aemter im Hannöverschen bei der teutschen Reichs-tagsversammlung laut behauptet haben, durch einen landesherrlichen Hauch umgeblasen werden können.

Soll das hannöversche Ministerium etwas bedeuten, soll es die Schädlichkeit der beständigen Abwesenheit des, mit Engeland, und so vielen andern Ländern verbrüderten Churfürsten einigermaßen ersezen, so müßte es hannöversches Landes-Grundgesez seyn, daß selbst kein braunschweig-lüneburgischer Staats-Minister, ohne hinlängliche Ursache,

und

und förmlichen Rechtsgang, seine Stelle zu verlieren im Stande wäre. Jezt ist aber der verkehrte Fall vorhanden. Ja das Simulaker einer Landes-Repräsentation — die hannöverschen Landstände — sind auch, wenn man die Wirkung vor Augen hat, aufgelöset. Sie haben laut genug von den Landes-Unterthanen Abschied genommen; indem sie sich zu Werkzeugen landesherrlicher Ungerechtigkeiten, und wahrer revolutionärer Grundsäze umgeschäffen haben *): mithin böse Nullen sind.

Es ist also nicht einst ein Schatten; vielweniger eine Realität vorhanden, welche das Hannöversche dafür schüzen kann, nicht Mittel zu großbritannischen Zweken zu seyn.

Die Landeseinwohner müssen demnach, da sie von der Regierung, und von den Landständen zu Hannover verlassen sind, und da keine Verfassung in der Welt gültig seyn kann, nach welcher die Beherrschten Gut und Blut für andere aufopfern sollen, welche ihnen so fremd, wie die Einwohner des Mondes sind, die Trennung von dem großbritannischen König laut verlangen, und ihren Churfürsten von

*) Sammlung einiger wichtigen Aktenstüke in der Rechts-sache des Herrn Hofrichters, und Landraths von Berlepsch zu Hannover (1798), welche eben ins Publikum getreten ist, und die, in jeder Hinsicht ein äußerst merkwürdiges Buch ausmacht, wovon Herr von Berlepsch vermuthlich selbst der Verfasser ist.

D

den stolzen Insulanern zurük fordern, welche ihnen
denselben, zu ihrem größesten, in progressiver Stärke
anwachsenden, Schaden geraubt haben. Dazu ver-
pflichtet sie die Liebe zu ihrer Selbsterhaltung.
Jene Trennung ist Vorbauungsmittel gegen alle Revolution — gegen alle Unzufriedenheit im Hannöverschen. Kann diese wohl ausbleiben, wenn die
Unterthanen wissen, daß durch das treuloʃe Betragen ihrer Landesrepräsentanten die englische Thron-
folge durch hannöversches Geld erkauft ist, daß
sie durch die, deßfalls nöthig gewordene Steuern,
noch jezt an dieser Schuld zahlen, daß sie, wegen
des siebenjährigen Krieges, noch immer an seinen
Folgen leiden, daß die Engländer sie um alle Ver-
lust- und Schadens-Ersezzungs-Gelder aus dem
siebenjährigen Kriege, welche anderen Mächten als
z. B. Hessen bey Heller und Pfennig ausgezahlt sind,
desfalls betrogen haben, weil ihr Churfürst es ihnen nicht verstatten wollen, ihre Forderung bey dem
englischen Parlamente geltend zu machen, um diesem nicht unangenehm zu werden, daß sie es blos
der englischen Verbindung zu verdanken haben, in
dem französischen Revolutionskriege zehn tausend
Mann verlohren zu haben, deren Abschäzzung, nach
dem gewöhnlichen Menschen-Werth, zehn Millionen
Thaler beträgt, daß dadurch ihr ganzes Steuer-
und Finanz-Wesen auf viele Jahre gänzlich zerrüttet

ist, daß sie Millionen Thaler, Militär-Einsperrungs Kosten, anwenden müssen, damit die Soldaten, welche sie, zum Schuz des Hannöverschen, mit schweren Kosten bezahlen, unthätig gemacht, und von Preußen eingeschlossen werden, damit sie dem Hannöverschen nicht schaden können, daß ihre Landes-Verfassung gänzlich zerrüttet ist, daß sie daher an Leben, Ehre, Vermögen, Nahrungs- und Handlungs-Erwerb mehr, wie jemals, unter der Willkühr der hannöverschen Regierung, und ihrer Subalternen stehen, daß ihr Geld aus der Cirkulation kommen, und in der Folge nach England immer mehr und mehr wandeln wird, und daß die dadurch bewirkte Staats-Schwindsucht zu einer noch heftigeren Krankheit ausbrechen muß, wenn in der Zukunft Projekte und Plus-Macher, und Monopoliums-Fabrikanten entstehen werden, um sich dem englischen Churfürsten beliebt zu machen, der von seinem Meierhofe, wie die Engländer das Hannöversche nennen, wird Geld haben wollen.

Zwar hat es das Ansehen, als wenn die Vorsehung das Unglük, welches sich über die hannöverschen Lande immer dichter zusammen zu ziehen scheint, einigermaßen zertheilen wolle; weil der Prinz von Wallis bis lang nur eine Prinzeßin gezeuget hat; auf die, nach dem tödtlichen Abgang ihres Durchlauchtigsten Hrn. Großvaters, und Vaters, der

D 2

englische Thron fällt; wogegen aber die teutschen
Lande des jezigen englisch-hannöverschen Regenten
auf die Herrn Oncle dieser englischen Kronerbin,
nach dem Recht der Erstgeburt in absteigender Linie,
ererbt werden. Allein kann man sich mit einer solchen
höchst ungewissen Hoffnung begnügen? Gewiß keinesweges. So wenig, als wenn die, in des Herrn
von Berlepsch Memoire befindliche erste Petition
erfüllet würde, nemlich die hannöversche Landes-
verfassung durch den Friedensschluß in Rastadt auf-
recht zu erhalten. Diese Bitte ist zwar sehr konsti-
tutionsmäßig; sie wird aber zuverläßig nichts helfen,
wenn sie auch gewährt werden sollte. *) Eben darum

---

*) Es ist völlig unwahr, wenn der göttingische neu gra-
dete Professor von Martens in seiner eben erschienenen sogenannten Widerlegung der von Berlepschen Memoires, die
er in französischer Sprache hat abdrucken laßen, sagt: daß
diese Memoires von der Reichsdeputation dem Herrn von
Berlepsch zurük gegeben seien.

Diese grobe Unwahrheit wirft schon ein sehr ungünstiges
Licht auf jene Druckschrift.

Sie ist überhaupt in einem solchen groben und gehäßigen
Tone abgefaßt, daß man darinn die, einem Lehrer des Völ-
kerrechts anständige Humanität gänzlich vermisset. Desto weniger wird sie überzeugen, da man mit Scheltworten nicht
widerlegt.

Was ihren Inhalt anlanget, so läßt sie auf der einen Seite
alles dasjenige, welches in den von Berlepschen Memoires

aus Frankreich,, Preußen, und der Norden von
Teutschland etwas sicherers bewirken, welches in
dem, noch zu schließenden Specialfrieden zwischen
der französischen Republik, und dem Churfürsten

---

enthalten ist, völlig unwiderlegt, und beweiset dagegen auf
der andern Seite, daß das Wahre und Treffende derselben nur
zu sehr geschmerzet haben müße. Hieraus erkläret sich der lei-
denschaftliche Ton, welcher darinn angetroffen wird.

Die von Martensche sogenannte Widerlegung ist durchaus
nichts anders, als eine französische Uebersetzung des Pasquills,
welches der bekannte Eudämonist und Obskurant Rechberg
gegen den Herrn Hofrath Häberlin, und den Herrn von Berlepsch in teutscher Sprache geschrieben hat. Eine Schmäh-
schrift, welche in ihren kleinsten Theilen von mehr dann einem
Schriftsteller schon längst widerlegt ist. Jene von Martensche
Druckschrift übergeht ferner die wichtigsten Theile der von Berlepschen Memoires ganz mit Stillschweigen, als z. B. diese:
Behuf des besondern hannöverschen Krieges gegen Frankreich,
geschehene inkonstitutionelle Rekruten-Aushebung, die Inkor-
poration der Braunschweig - Lüneburgischen Landregimenter
in die Feldregimenter, die hannöversche Aquiescenz zum Basler Frieden, und die, mit derselben im offenbarsten Widerspruche stehende Einschiffung der französischen Emigranten-
Corps. Diese ist nach jener erklärten Aquiescenz, im Hannöverschen geschehen, und macht ohne alle Widerrede, selbst nach
dem Inhalt des Basler Friedens, und seiner Additional-
Convention, eine begangene große Feindseligkeit des Churfürsten von Braunschweig - Lüneburg gegen die französische Republik aus.

von Braunſchweig Lüneburg ausgemacht werden
kann. Und dieſes wäre, folgende anſtändige Aus⸗
kunft.

Ueberher ſtellt Herr von Martens Sätze auf, welche man
von einem Lehrer des Völker⸗ und Staatsrechts nicht erwar⸗
ten ſollte. Hier ſind einige Proben ſeiner Behauptungen:
1. Zwanzig, ja hunderttauſend Mann Hilfstruppen, welche
ein Volk dem andern, nach bereits ausgebrochenem Kriege,
zuſchicket, um ein drittes zu bekriegen, wandle die auxi'taire
Macht nicht zum kriegführenden Theile um, ſobald dieſe das
Hilfskorps nur nicht ſelbe, ſondern es von der im Krieg
begriffenen Macht bezahlet werde, welcher die Hilfstruppen
zugeſchickt werden.

Herr von Martens, der für die Richtigkeit des, von ihm
untergeſtellten Satzes nichts anders, als ſeine Autorität an⸗
geführt hat, iſt zwar hier mit ſeinen eigenen Lehrſätzen im
Widerſpruche; denn er ſchreibt in ſeinem lateiniſch herausge⸗
gegebenen Lehrbuche, welches ich eben zur Hand habe: Lib. 8.
Cap. 5. § 227. S. 215, mit der geſunden Vernunft völlig
übereinſtimmend, ganz ausdrüklich:

licet de *jure* eos (auxilium ferentes), ut hostes
tractari potuisse, ne dubitari quidem fas ſit,

Allein was kann nicht ein Rechtslehrer behaupten, wenn er
ſich dazu dingen läßt, Schein für Wahrheit zu geben.

Mit der Anwendung des hier eben aufgenommenen Satzes,
wenn er auch wahrer ſeyn ſollte, als er es nicht iſt, ſiehet es,
aber eben ſo übel, als mit dem Beweiſe deſſelben aus. Denn,
es iſt völlig wahr, daß die engliſch⸗hannöveriſche⸗ und Emi⸗
granten⸗Armee im Februar und März 1795. von der hannö⸗

„ Daß der König von Großbritannien der han-

„ növerschen Regierung auf beständig entsagte,

„ und daß dagegen der jüngste Herr Sohn des jetzt

„ regierenden Herrn Churfürsten von Braunschweig

---

verschen Landesregierung wirklich bezahlt worden. Also ist der Churfürst von Braunschweig-Lüneburg, selber nach der neuen von Martenschen Theorie, besonderer kriegführenderTheil gegen die französische R.publik. Daß diese jenen dafür angesehen habe, davon sind unzählige Beweise vorhanden. Man erinnere sich nur unter andern an die, wiewohl nie zur Ausübung gekommenen Ordre, alle gefangene hannöversche Soldaten gleich den Engländern tod zu schließen.

3. Sollen die Rechte der kalenbergischen Landschaft in der, zur Sprache gekommenen Materie der besondern Territorial-Kriege und Bündnisse ihres Fürsten, als puissance betrachtet, nicht mehr gelten, weil mehrere Reichs-Territorien an den Herrn Herzog von Oilenberg gekommen sind. Etwas lächerlicheres kann man sich wohl nicht denken, als eine solche abgeschmakte Behauptung ist.

Zuvörderst muß ein göttingischer Professor der Rechte, aus dem Churbraunschweig-Lüneburgischen Territorial-Staats-Rechte doch wohl so viel wissen, daß alle teutsche Provinzen des Churfürsten von Braunschweig-Lüneburg, in derjenigen Materie, wovon hier die Rede ist, durchaus gleiche Rechte haben. Herr von Martens kann sich hierüber, wenn er es nicht wissen sollte, aus den Allegaten belehren, welche in der merkwürdigen Staatsschrift des Herrn Hofrath Häberlin über die Rechtssache des Herrn Hofrichters auch Land-und Schazraths von Berlepsch Seite 61 in der Note ** angeführt sind.

„ Lüneburg, der liebenswürdige, und in seiner
„ zarten Jugend aus England gekommene, und
„ bis jetzt noch nie wieder in sein Vaterland zurük-
„ gekehrte Prinz Adolph Friedrich von Großbrit-

Es beweiset mithin sein Argument schon nichts. Allein auch
angenommen, daß die, dem Herrn Herzog von Calenberg an-
gefallenen Provinzen nicht ein gleiches Recht haben sollten, ver-
lieret dann ein Reichs-Territorium seine innere Verfassung
dadurch, daß ein anderes dem regierenden Fürsten des alt-
angestammten Landes anheim fällt, oder von ihm angekauft
wird, wie mit dem Bremen-Verden-und Lauenburgischen
der Fall ist?

Herr von Martens behauptet die bejahende Meinung. Etwas widersinnigeres ist aber wohl noch nie behauptet worden.

Nach seiner neuen Theorie über den Verlust der Rechte,
welche bekanntlich beim Rastadter Friedensschluß auf dem rech-
ten Ufer des Rheins nicht wird angenommen werden, müßte
z. B. ein Gut, dessen Angehörige Herrendienst frei sind,
dienstpflichtig werden, weil Herr von Martens ein anderes
Gut geerbet, oder gekauft hätte, dessen Gutsleute schuldig
wären, ihm Herrendienste zu leisten.

Gleich fehlerhaft, ja lächerlich die von Martensche Grille ist,
gleich unzutreffend ist sie in der Anwendung; indem alle hannöverschen Landschaften darinn einig seyn müssen, diejenigen,
welche sie repräsentiren, nicht einem fremden Interesse dar-
zubringen. Sie haben auch, wie es die Erfahrung lehrt, in
dermaßen bei der Anordnung der bewaffneten Neutralität des
nördlichen Teutschlands gedacht und gehandelt. Dieses ist aus

„ tannien, da er die entferntſte, und faſt für nichts
„ zu achtende Hofnung auf den engliſchen Thron
„ hat, Churfürſt von Braunſchweig Lüneburg würde.
„ Daß er und ſeine Deſcendenz zum jezigen Regen-

der, von Häberlin für den Herrn von Berleṛſch gefertigtes
Staatsſchrift S. 95 und 96 zu erſehen.

3. Behauptet der Herr von Martens — ein öffentlicher Lehrer des teutſchen Staatsrechts auf der proteſtantiſchen Uni-
verſität Göttingen — daß das im dreiſigjährigen Kriege von
dem Herrn Friedrich Ulrich von Calenberg, ohne Zuziehung
der kalenbergiſchen Landſtände, mit dem König von Dänemark
geſchloſſene ſogenannte lauenburgiſche Bündniß gegen den
Kaiſer, gerichtet geweſen ſei. Hierinn liegt eine verſtekte
Behauptung zum Grunde, daß der dreiſigjährige Krieg ein
Reichskrieg geweſen ſei.

Es iſt gegen dieſen hiſtoriſchen groben Fehler, bereits in der
merkwürdigen Schrift: die Stimme eines Staatsbürgers in
der Rechtſache des Herrn von Berleṛſch von Seite 74 bis
80 auf das Allerdeutlichſte gezeiget worden, daß der Fall des,
ohne Zuziehung der kalenbergiſchen Landſtände geſchloſſenen,
lauenburgiſchen Bündniſſes von 1626, welchen der Herr von
Berleṛſch in ſeinem Memoire angeführt hat, auf den ihn
betroffenen Fall durchaus anwendbar ſei. Man mag demnach
die Sache nehmen, wie man will, ſo iſt der Schnizzer, welchen der Herr von Martens hier begeht, für einen proteſtantiſchen Profeſſor durchaus zu groß, als daß man ihn nicht mit
ſeiner ganzen ſogenannten Widerlegung der Memoires des
des Herrn von Berleṛſch, ohne dieſe dadurch in die Categorie
derjenigen Schriften zu rechnen, welche inſonſtitutionsmäßge

„ ten , ſowohl aller Provinzen und Reichs-Lande ,
„ welche ſein Durchlauchtigſter Herr Vater beſizet,
„ beſtellet , als zum Nachfolger in denjenigen
„ Braunſchweig -Wolfenbüttelſchen Landen ernannt

Grundſäzze hegen, auf das kaiſerliche Kabinetsſchreiben ver-
weiſen ſollte, wodurch im Anfange dieſes Jahrs , die Eudä-
monia und dergleichen Schriften verboten ſind.

Mit Recht kann man von der Martenſchen Drukſchrift in
der von Berlepſchen Sache , in Rükſicht der hannöverſchen
Regierung ſagen, daß ſie mehr Schaden, als Nutzen ſchaffen
muß, weil dieſe Wirkung das Loos aller ſeichten und leiden-
ſchaftlich geſchriebenen Widerlegungen iſt. Sie verdient um
ſo mehr dieſes Schikſal, da ſie eine Menge unbeſltſener ,
und zur Sache nicht gehörender Thatumſtände anführt, um den
Charakter eines unbeſcholtenen Mannes anzugreifen. Herr von
Martens hat daher höchſt unmoraliſch, und mithin höchſt ver-
weiſlich gehandelt: Und das um ſo mehr, da er ſchon zum
voraus, mit der Entſchuldigung herausrükt, daß er des Herrn
von Berlepſch Freund geweſen ſei, und da er ſich, in Ge-
mäßheit der genauen Bekanntſchaft mit ſeinem ehemaligen
Freunde, nicht entbrechen kann , ihm gar Lobſprüche wegen
ſeiner Talente beizulegen. Zwar ſoll hieraus ſeine Unparthei-
lichkeit abgenommen werden. Allein der göttingiſche Herr
Profeſſor wird hierinn keinen irre leiten , wenn man ſeine
wütende Schreibart mit dieſen Gleißnereien zuſammen hält.
Ein jeder Unpartheiiſcher muß es mißbilligen, daß er ein kah-
ler Ueberſezzer eines , gegen ſeinen ehemaligen Freund geſchriebenen Pasquills aus der teutſchen in die franzöſiſche
Sprache geworden iſt. Dazu verpflichtete ihn ſeine Verſendung
nach Raſtatt wirklich nicht: Um ſo weniger , da er gar im

„ würde, die, mit Erlöschung der herzoglich braun-
„ schweig = wolfenbüttelschen Linie, an die braun-
„ schweig lüneburgische Branche fallen müssen.

August 1796 gegen den Herrn von Berlepsch so freundschaftlich
gewesen war, diejenige Schrift nachzusehen, worinn der Herr
Herzog von Calenberg über die Anordnung der Austraegal-
Instanz, und eventualiter über die Wahl des Gerichtsstandes
requiriert war. Er fand bei ihrem Inhalt und bei ihrer Fas-
sung nichts anders einzuwenden, als daß er seinem Freunde
die, dem König von Großbritannien angekündigte, Anstellung
der Injurienklage abrieth.

Unpolitisch bleibt endlich der Schritt, welchen der Herr
von Martens gethan hat. Denn nicht zu gedenken, daß er durch
denselben den Argwohn verräth, als wenn er die Theilnehmer
des Rastadter-Friedens-Congresses irre leiten könne, so spricht
er in seiner Drukschrift allen hannöverschen Landen, ihre un-
gezweifelten Rechte, in Rücksicht ihrer Zustimmung zu den
besondern Territorial-Kriegen und Bündnissen ihres Regenten,
ab. Er setzt mithin die Friedens-Paciscenten schlechterdings
in die Nothwendigkeit, entweder vergebene Rechte wieder her-
zustellen, oder vorhandene ausdrüflich zu erhalten, oder eine
Trennung des Königes von Großbritannien und des Churfürsten von Braunschweig-Lüneburg zu bewirken, damit in
Zukunft ein ganzes Churfürstenthum nicht von dem Einflusse
der brittischen Regierung abhänge. Die von Berlepsche Sache,
wird demnach durch das Betragen der hannöverschen Regierung, nicht etwa wegen der Person, sondern wegen der Materie,
mithin objektiv, immer wichtiger, und muß also nothwendiger
Weise die Aufmerksamkeit eines Gouvernements auf sich ziehen,
dem in politischer Hinsicht so leicht nichts entgehet.

Alsdann würde Preußen und der ganze Norden von Teutschland auf eine dauerhafte Allianz mit Frankreich rechnen können, und das Glük der nördlichen Bewohner Teutschlandes auf eine solche sichere Art befestiget seyn, daß sie allen Gefahren von innen und von außen eine eiserne Stirne bieten könnten.

Will die französische Republik zur Aufhebung der Personal-Verbindung zwischen dem König von Großbritannien und dem Churfürsten von Braunschweig-Lüneburg die Hände nicht bieten; so ist dieses Betragen ein sicheres Zeichen, daß sie der Fortsezzung des Krieges mit England gar nicht trauet, und daß sie daher den Churfürsten von Hannover schonet, um ihn, als König von Großbritannien geneigt zu machen, mit Frankreich Frieden zu schließen.

Auf diese Art würde das Direktorium zu Paris den Churfürsten von Braunschweig-Lüneburg dazu brauchen, um den König von England, dem nach der brittischen Verfaßung bekanntlich das ausschließliche Recht, Frieden zu machen, zusiehet, zu bestechen, damit er mit der französischen Republik Frieden machen möge.

Sie würde also, aller ihrer riesenmäßigen Vorkehrungen und Androhungen gegen England ohngeachtet, diesen Frieden doch von ihrem größesten Feinde, Georg III, erkauft haben.

Ich, als ein teutscher Patriot, d. h. ein Mann, der an Recht und Ordnung gewöhnt ist, wünsche, um zum Schluß dieser politischen Gedanken zu eilen, herzlich, daß die Zuckungen, worinn Europa nun schon so viele Jahre liegt, endlich einmal aufhören mögen; daß ein allgemeiner, auf dauerhafte Grundlagen, d. i. auf Moralität gebaueter Friede die Welt bald wieder beglücke; daß es den Republikanern, und den Einwohnern von Monarchien gleich gut gehen, und daß zu diesem Ende in der ganzen Welt, die Form der Regierung mag übrigens seyn, wie sie will, nur mit der Vernunft übereinstimmende Geseze herrschen mögen; daß mithin alle Willkührlichkeit daraus gänzlich verbannet sei; daß ein jeder, welcher regieret, es als eine mathematische Wahrheit einsehen lerne, daß nur Geseze das Bollwerk sind, wohinter er sicher ist, und daß dagegen, wenn diese weggerissen worden, der, dem Ansehen nach mächtigste Beherrscher, wäre er gleich ein Held, wie Bonnaparte, gar bald, als der ohnmächtigste aller Menschen erscheint; daß daher keine mehr, als die Herrscher, an Geseze, und an gesezliche Ordnung gefesselt sind; und daß Entfernung von dieser ihrer Schuzwehre begangener wahrer Hochverrath gegen sich selber sei.

www.ingramcontent.com/pod-product-compliance
Lightning Source LLC
Chambersburg PA
CBHW021528090426
42739CB00007B/825